Rolf Jensen
Fensterbilder

Die Deutsche Bibliothek –
CIP-Einheitsaufnahme

Jensen, Rolf
Fensterbilder: mit Vorlagebogen/
Rolf Jensen. – Ravensburg:
Ravensburger Buchverl., 1995
ISBN 3-473-42572-9
NE: HST

Alle in diesem Buch veröffentlichten
Abbildungen und Modelle sind urheberrecht-
lich geschützt und dürfen nur mit ausdrück-
licher Genehmigung des Verlages und des
Urhebers gewerblich genutzt werden.

© 1995 Ravensburger Buchverlag
Alle Rechte vorbehalten
Umschlaggestaltung: Ekkehard Drechsel BDG
Fotos und Zeichnungen: Rolf Jensen
Satz: DTP – QuarkXPress 3.3
Gesamtherstellung: Himmer, Augsburg

98 97 96 95   4 3 2 1

ISBN 3-473-42572-9

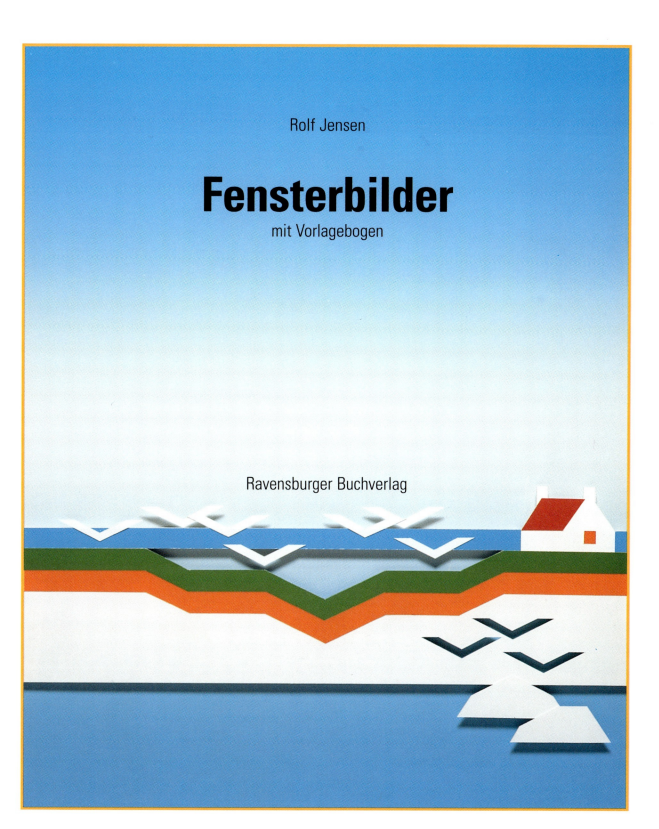

Inhalt

Inhalt

Einführung 7

Material und Hilfsmittel 8
Werkzeug und Handhabung 8
Das Übertragen der Motive 9
Das Schneiden 9
Das Ausbalancieren 11

Gartenleben 12
Liebesgrüße 12
Laubenpiper 14
Falterreigen 16

Ostern 18
Lampemannschaft e. V. 18
Hasenpaar 19
Stilleben 20
Mutterglück 20

Sommerzeit 22
Rosenstock 23
Herzbaum 24
Richtfest 26

Traumreisen 28
The White Cliffs of Dover 28
Lagunenstadt 31

Brandungsakrobaten 32
Alexis' Heimat 34
Flugkünstler 35

Aus Kindertagen 36
Kleiner Reifenkünstler 37
Spielzeugstadt 38

Herbstzeit 42
Waldeslust 42
Laternenfest 45
Parkidylle 46

Nordische Impressionen 48
Rentierzug 48
Papageitaucher-Crew 50
Hütte am Fjord 50

Zirkus 52
Pepes Glanznummer 52
Manegenzauber 54

Weihnachten 58
Winterzeit 58
Weihnachtsmarkt 60
Heiligabend 62

Einführung

Einführung

Das Fensterbild, eine klassische Bastelarbeit, erfreut sich immer größerer Beliebtheit.
Der Aufwand an Werkzeug und Material ist gering, und mit etwas Geschick können schon in kurzer Zeit ganz individuelle und originelle Kunstwerke entstehen. Ganz gleich, ob Sie den Jugendstil der Wiener Werkstatt mögen, Liebhaber des Art déco sind oder Pop-art bevorzugen; Elemente verschiedenster Kunstrichtungen lassen sich im Fensterbild wirkungsvoll zum Ausdruck bringen.
Ein bunter Bilderbogen erwartet Sie: Lassen Sie sich von Traumlandschaften im Süden inspirieren, folgen Sie dem weiten Zug der Rentiere, erleben Sie prickelnde Zirkusatmosphäre, bewundern Sie „The White Cliffs of Dover" oder erfreuen Sie sich an einem heimischen rankenden Rosenstock.
Schwelgen Sie in der breitgefächerten Ideenfülle und lassen Sie Ihrer Kreativität Flügel wachsen.
Gutes Gelingen sowie viel Freude wünscht Ihnen

Rolf Jensen

Einführung

Material und Hilfsmittel

Als Trägermaterial für die meisten Motive dient weißer Zeichenkarton, Materialstärke 200 – 300 g/m². Auch können sauerstoffgebleichte Papiersorten oder, noch besser, Recycling- oder Umweltpapiere verwendet werden, denn auch unter diesen Sorten sind inzwischen Qualitäten zu finden, deren Oberfläche fast weiß wirkt. Zum farbigen Ausgestalten der Motive eignet sich Bunt- oder Tonpapier, des weiteren benötigen Sie Fotokarton.
Für das Übertragen der Motive brauchen Sie Transparent- und Graphitpapier, um sie festzuheften etwas Klebefilm (z. B. Tesafilm). Zum Kleben der Papier- und Kartonteile eignen sich alle Vielzweckkleber, die es auch lösungsmittelfrei gibt.
Für den Aufhängefaden wählen Sie weißes oder ein auf das Motiv farblich abgestimmtes dünnes Garn.

Werkzeug und Handhabung

Papierschere
Silhouettenschere
Grafikermesser
Cutter

Lineal mit Stahlkante
Bleistifte (HB und H2)
Pinzette
Zirkel
Schneideunterlage

Einführung

Das Übertragen der Motive

Alle Vorlagen sind in Originalgröße abgebildet. Einen Teil der Motive finden Sie auf den jeweiligen Seiten, größere Entwürfe übertragen Sie vom Vorlagebogen im Anhang des Buches. Ganz symmetrisch aufgebaute Motive sind genau halbiert dargestellt. Beim Übertragen gehen Sie folgendermaßen vor: Ein ausreichend großes Stück Transparentpapier mit etwas Klebefilm auf der Vorlage festheften, das halbierte Motiv mit leichtem Druck durchzeichnen und mit einem durchgehenden Bleistiftstrich, am besten an einem Lineal entlanggezogen, die punktierte Spiegelachse sorgfältig markieren. Transparentpapier vorsichtig ablösen und nun auf dem jeweiligen Trägermaterial (meist Zeichenkarton) festheften. Graphitpapier mit der Schicht nach unten unterlegen (kein Kohlepapier verwenden, da es leicht schmiert) und das Motiv mit der markierten Spiegelachse übertragen. Spiegelachse jetzt nur mit zwei kurzen, feinen Strichen oben und unten andeuten. Motiv vorsichtig vom Trägerkarton ablösen und erneut (nun seitenverkehrt) paßgenau ansetzen, übertragen und so die Figur ergänzen.

Bei feinen, filigranen Motiven sollte ein härterer Bleistift (H2) gewählt werden, bei größeren Motiven hat sich auch ein mittelweicher Stift (HB) bewährt.
Bei Motiven mit ganz geraden Konturen kann man die Eckpunkte auch mit einer feinen Zirkelnadel o. ä. direkt auf dem darunterliegenden Trägermaterial markieren und anschließend die Einstichpunkte mit dünnen Bleistiftlinien verbinden. Besonders bei einseitig bedruckten Buntpapieren können Motivteile auch seitenverkehrt auf die weiße Rückseite übertragen werden, um eventuelle Radierspuren – Buntpapier ist empfindlich – zu vermeiden.

Das Schneiden

Für das Schneiden gerader Konturen und zum Anritzen von Falzkanten benutzen Sie am besten ein Papiermesser mit abbrech- und nachschiebbarer Klinge, auch Cutter genannt. Bei geraden Schnitten sollte ein Lineal mit Schneidekante verwendet werden.
Beim Anritzen von Falzlinien sollte die Schnittiefe die Hälfte der Papier- bzw. Kartonstärke nicht überschreiten. Den richtigen Druck auf das Messer spürt man schon nach einigen Schnitt- bzw. Anritzversuchen auf unterschiedlichen Papier- und Kartonstärken.
Als Arbeitsunterlage eignet sich am besten eine Schneidematte aus Gummi. Da sich die Einschnitte nach dem Schneiden von allein wieder schließen, werden Unebenheiten weitgehend vermieden.
Schwieriger wird es, wenn winzige Innenräume oder sehr feine, geschwungene Konturen sauber ausgeschnitten werden sollen. Diese Arbeiten können exakt ausgeführt werden mit einem Grafikermesser (Skalpell), das eine spitz zulaufende, auswechselbare Klinge hat.
Um sich mit der Handhabung dieses Messers etwas vertraut zu machen, führen Sie folgende Übung durch: Zeichnen Sie mit einem Zirkel verschieden große Kreisformen auf Papier sowie auf Zeichen- und Fotokarton in den zu verarbeitenden Materialstärken. Beginnen Sie mit dem Schneiden größerer Kreise aus

Einführung

Papier, bevor Sie mit dem Schneiden der schwierigeren kleinen Kreise aus Karton beginnen. Je kleiner der Kreis oder das spätere Detail, desto steiler der Winkel zur Vorlage, in dem das Messer angesetzt werden muß. Setzen Sie das Messer unten in der Mitte der Kreisform an und schneiden Sie die Kontur, indem Sie das Werkstück, mit der freien Hand der Schnittrichtung entgegenkommend, nach und nach hineindrehen. Damit die Kreisenden genau zusammentreffen, halten Sie kurz vor Schnittende an und schneiden dann die letzten Millimeter separat.
Dies ist eine gute Übung, um die Fingerfertigkeit zu erhöhen und damit die Schneidetechnik zu verfeinern. Wenn Sie lieber mit der Silhouettenschere arbeiten, stoßen Sie bei Konturen ein kleines Loch in die Innenseite der Fläche, schneiden es kreuzweise auf und führen die Schere dann von diesem Einschnitt im Bogen zu der Schnittkontur. Ist der Verlauf der Kontur kurvig, erleichtert auch hier ein leichtes Drehen der Vorlage entgegen der Schnittrichtung den Schneidevorgang.
Äußere einfachere Konturen sowie großflächigere Motive können Sie auch „frei Hand" mit einer Papierschere schneiden.
Sollten Sie sich einmal verschnitten haben, können Sie die betreffende Stelle auf der Rückseite mit einem kleinen Stückchen Klebefilm zumeist mühelos reparieren.

Einführung

Das Ausbalancieren

Für die Aufhängung der Fensterbilder wird in der Regel farblich abgestimmtes Garn verwendet. Bei rein symmetrisch gestalteten Motiven wird der Aufhängefaden genau in der Mitte befestigt oder, wenn möglich, einfach durch eine schon vorhandene Strebe hindurchgezogen. Bei solchen Motiven ist die Stelle für den Aufhängefaden nicht extra markiert. Bei asymmetrisch gestalteten Motiven muß, der ungleichmäßigen Gewichtsverteilung wegen, sorgfältig ausbalanciert werden. Die Stelle ist bei den betreffenden Motiven zwar schon durch eine kurze, punktierte Pfeillinie markiert, es können aber schon einmal Abweichungen durch Verwendung anderer Materialstärken entstehen. Sie sollten also in jedem Fall vorher die „Zeigefingerprobe" durchführen. Dazu halten Sie das Fensterbild am ausgestreckten Arm hoch und schieben es zwischen Zeigefinger und Daumen leicht hin und her, bis Sie in etwa die Balance gefunden haben.

Zur Feinabstimmung befestigen Sie nun den Aufhängefaden mit einem kleinen Stückchen Klebefilm. Haben Sie dann exakt die Waagrechte ermittelt, markieren Sie den Punkt mit Bleistift. Dann kann der Aufhängefaden mit etwas Kleber fixiert werden, oder er wird durch ein kleines, mit einer Nadel gebohrtes Loch geführt und am Ende verknotet. Manchmal empfiehlt es sich auch, die Enden eines Fadens an zwei Punkten zu fixieren, oder man gleicht, wo es unauffällig möglich ist, das Gewicht mit farblich passenden Kartonstücken aus.

Gartenleben

Der reizvolle Gegensatz von Licht und Schatten, der fein modellierten Flügel, verleiht diesem heiteren Stelldichein seine besondere Note. Ein schmuckes Mitbringsel, nicht nur für Verliebte!

Liebesgrüße

Material. 1 Bogen Zeichenkarton (DIN A4, 200 – 250 g/m²), Transparent- und Graphitpapier, feiner schwarzer Filzstift, Garn, Kleber, Klebefilm.

Anleitung. Motiv vom Musterbogen auf Zeichenkarton übertragen. Gerade Schnittlinien mit Cutter und Lineal, geschwungene Konturen mit einem Grafikermesser oder einer Silhouettenschere schneiden. Beachten Sie, daß bei den Schnittlinien innerhalb der Banderole ca. 2 – 3 mm starke Papierstege zum Rand hin stehenbleiben müssen. Schriftzug mit feinem schwarzem Filzstift ausmalen oder alternativ eine Abreibeschrift verwenden. Gefieder der Vögel über ein Rundholz oder einen dicken Stift nach hinten wölben, bis ein leicht plastischer Eindruck entsteht (siehe Foto). Den Aufhängefaden in der Mitte der Herzform mit einem Tropfen Kleber befestigen.

Gartenleben

Gartenleben

*Vier Vöglein singen
hier im Chor –
im Lenz kommt das
nicht selten vor,
sie zwitschern heute
abend noch und morgen
früh gleich weiter,
sind wir ab und an
verdrießlich, stimmen sie
womöglich heiter.*

Laubenpieper

Material. 1 Bogen Zeichenkarton (DIN A3, 300 g/m²), Transparent- und Graphitpapier, Schreibmaschinenpapier, etwas rotes Tonpapier, Garn, Kleber, Klebefilm.

Anleitung. Pavillon-Grundform 1 x vom Musterbogen auf Zeichenkarton, die Vogelform 4 x auf Tonpapier übertragen.
Die geraden Konturen des Pavillons mit Cutter und Lineal und die geschwungenen Konturen mit Silhouettenschere oder Grafikermesser schneiden.
Pro Vogel je 2 x 4 Kreisformen (∅ 3,2 cm) mit einem Zirkel auf Schreibmaschinenpapier zeichnen und ausschneiden. Je 4 Kreisformen deckungsgleich aufeinanderlegen und in der Mitte horizontal falzen. Mit einer Nadel 2 Löcher im Abstand von ca. 1 cm auf der Falzlinie bohren, weißen Faden hindurchziehen und verknoten. Vorgang für die Vogelrückseite wiederholen.
Fertige Vögel auf den Pavillon kleben. Aufhängefaden einfach unter der Spitze hindurchziehen.

Gartenleben

Gartenleben

Junge Falter flattern munter voller Wonne, der Sommer wartet schon mit Himmelsblau und Sonne.

Falterreigen

Material. 1 Bogen Zeichenkarton (DIN A4, 200 – 250 g/m²), Transparent- und Graphitpapier, etwas gelbes Buntpapier, feiner grüner Filzstift, Kleber, Garn, Klebefilm.

Anleitung. Motiv vom Musterbogen auf Zeichenkarton übertragen. Die geraden Schnittlinien des Fensters mit Cutter und Lineal schneiden, alle geschwungenen Konturen, besonders die Falterflügel, sollten mit dem Grafikermesser oder einer Silhouettenschere geschnitten werden. Achten Sie darauf, Flügel und Fühler nur bis zum Falterkörper auszuschneiden, der Körper bleibt ausgespart. Die Falterkörper separat je 2 x aus Buntpapier schneiden und Vorder- und Rückseite des Motivs deckungsgleich bekleben (evtl. ans Fenster halten).
Die grünen Schmuckränder malen Sie am einfachsten, ebenfalls vorn und hinten, mit einem feinen grünen Filzstift auf. Dann das Motiv mit der Rückseite nach oben auf die Arbeitsfläche legen und die Falterflügel vorsichtig über ein Rundholz oder einen dicken Stift nach hinten wölben. So wirken die Falter plastischer. Motiv ausbalancieren und für den Aufhängefaden mit einer Nadel oder Stechahle ein Loch bohren. Garn hindurchziehen und am Ende mit einem Knoten versehen.

Gartenleben

Ostern

Ein Hasenpaar im trauten Heim, die Lampemannschaft im Verein, ein Nest, das träumt im Fenstereck, Gluckenhuhn nebst Kücklein keck – wer nun geneigt ist, bitte sehr: Uns zu basteln ist nicht schwer!

Lampemannschaft e. V.

Material. 1 Bogen Zeichenkarton (DIN A2, 250 – 300 g/m²), Transparent- und Graphitpapier, Buntpapier in Rot, Grün, Blau, Orange und Gelb; Garn, Kleber, Klebefilm.

Anleitung. Motiv vom Musterbogen auf Zeichenkarton übertragen. Motiv seitenverkehrt erneut an der punktierten Spiegelachse anlegen und entsprechend ergänzen.

Je nach Fensterbreite kann das Motiv beliebig verlängert oder verkürzt werden. Farbige Flächen und Details aus Buntpapier schneiden und aufkleben. Hasenköpfe bis zum Anfang der gestrichelten Falzlinie (siehe Pfeil) einschneiden. Falzlinie von oben leicht einritzen. Hasenform vorsichtig in der Mitte falzen und die Ohrform mit den kleinen, angeritzten Klebelaschen (wechselseitig gefalzt) zwischen die Köpfe kleben. Zum Schluß den Aufhängefaden waagrecht über den Fensterrahmen spannen, mit etwas Klebefilm fixieren und die Klapphasen einfach einhängen. Da standfest, können die Hasen auch auf die Fensterbank gestellt werden.

Ostern

Hasenpaar

Material. 1 Bogen Zeichenkarton (DIN A4, 200 – 250 g/m²), Transparent- und Graphitpapier, Buntpapier in Rot, Grün, Blau, Orange und Gelb, Garn, Kleber, Klebefilm.

Anleitung. Motivteile (Hasenpaar/Balken) separat vom Musterbogen auf Zeichenkarton übertragen. Farbige Flächen und Details aus Buntpapier schneiden und auf die Hasenformen kleben. Hasenformen ausschneiden (da alle Konturen gerade sind, empfehlen sich Schnitte mit Cutter und Lineal), anschließend die Rückseite ebenfalls farbig bekleben. Die beiden weißen Balken zu einem Dach zusammenkleben und das Hasenpaar einfügen. Farbige Quadrate und Nest aus Fotokarton schneiden und entsprechend aufkleben. Aufhängefaden in der Mitte befestigen.

Ostern

Muttergluck

Material. 1 Bogen Zeichenkarton (DIN A3, 200 – 250 g/m²), Transparent- und Graphitpapier, Bunt- und Tonpapier in Rot, Gelb und Orange; Stück Styropor, Garn, Kleber, Klebefilm.

Anleitung. Motiv vom Musterbogen abnehmen. Henne auf Zeichenkarton, die Küken auf Tonpapier oder Fotokarton übertragen. Farbige Kleinteile wie Kamm, Flügel und Schnabel aus Bunt- bzw. Tonpapier schneiden und auf die Grundform kleben. Motive mit Silhouetten- oder Papierschere ausschneiden. Gefieder der Henne mit einem Grafikermesser einschneiden.
Leiter aus 2 Holmen (26,5 x 1 cm) und 5 Querstreben (7 x 1 cm) zusammenkleben. Fertige Küken aufkleben und die Leiter mit kleinen, passend zugeschnittenen Abstandklötzen aus Styropor auf die Henne kleben. Gefieder der Henne vorsichtig über eine Rundholzleiste oder einen Stift nach hinten wölben – so wirkt das Motiv plastischer!

Stilleben

Material. 1 Bogen Zeichenkarton (DIN A4, 250 – 300 g/m²), Transparent- und Graphitpapier, Fotokarton in Grün, Gelb, Rot, Blau und Orange; Garn, Kleber, Klebefilm.

Anleitung. Motiv (Fenster und Blüten) vom Musterbogen auf Zeichenkarton übertragen und ausschneiden, am besten mit Cutter und Lineal. Nest und Pflanzenstiele werden aus Streifen von Fotokarton geschnitten und entsprechend übereinandergeklebt. Aufhängefaden mit einem Tropfen Kleber befestigen.

Sommerzeit

Ob zum Einzug in die neue Wohnung – vielleicht sogar zum zünftigen Richtfest; zur Hochzeitsfeier, zum Geburtstag oder einfach nur mal so: Selbstgefertigte Fensterbilder als ganz persönliche Mitbringsel verfehlen sicher nicht ihre Wirkung, besonders, wenn das Motiv dem gegebenen Anlaß entspricht.

Sommerzeit

Rosenstock

Material. 1 Bogen Zeichenkarton (DIN A4, 200 – 250 g/m²), Ton- oder Buntpapier in Rot, Pink, Apricot und Grün; Transparent- und Graphitpapier, Garn, Kleber, Klebefilm.

Anleitung. Motiv vom Musterbogen abnehmen und auf Zeichenkarton übertragen. Die umrandeten Felder zeigen an, wie die farbigen Blüten plaziert werden müssen. Blütenteile spiegelverkehrt auf die Buntpapierrückseiten übertragen und ausschneiden. Zuerst immer die gesamte Fläche der Blüte aus pinkfarbigem Papier schneiden, dann in Reihenfolge Apricot und Rot aufkleben. Fertige Blüten und Blätter entsprechend plazieren und aufkleben. Nun die weißen Blüten und das fein geschwungene Ornament möglichst mit dem Grafikermesser schneiden. Bei den weißen Blüten unbedingt darauf achten, daß zwischen den Einschnitten kleine Papierstege stehenbleiben. Rückseitig eine Rundholzleiste (Ø ca. 20 mm) anlegen und die Blütenteile vorsichtig nach hinten wölben. So können die Teile das Licht reflektieren und wirken plastischer.

Sommerzeit

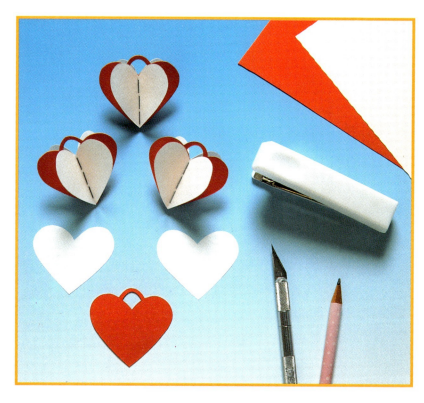

Herzbaum

Material. 1 Bogen Zeichenkarton (DIN A3, 250 – 300 g/m²), 1 Bogen rotes Tonpapier (DIN A4), 1 Bogen Zeichenpapier (DIN A4), Transparent- und Graphitpapier, Garn, Kleber, Klebefilm.

Anleitung. Motiv von Seite 26 auf Zeichenkarton übertragen. Motiv, nun seitenverkehrt, an der Spiegelachse anlegen und nach Stand der Zeichnung ergänzen. Die geschwungenen Konturen mit dem Grafikermesser oder der Silhouettenschere schneiden.
Der Zaun wird aus ca. 1,5 cm breiten Kartonstreifen geschnitten und zusammengeklebt. Nun 6 Herzen aus rotem Tonpapier und 12 Herzen aus Zeichenpapier schneiden. Die roten werden mit Henkeln versehen. Weiße Herzformen senkrecht in der Mitte vorfalzen. Immer eine rote Herzform paßgenau zwischen zwei weiße legen und zusammenheften. Weiße Herzformen nach vorn bzw. nach hinten falzen. Herzformen wie den Baum mit Aufhängefäden versehen. Damit es schön räumlich wirkt, kann zwischen Zaun und Baum ein passend zugeschnittenes Stück Styropor geklebt werden.

Sommerzeit

Sommerzeit

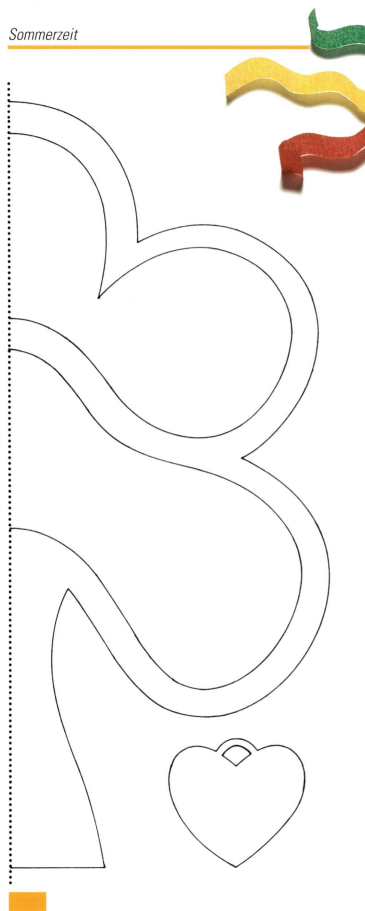

Richtfest

Material. 1 Bogen Zeichenkarton (DIN A3, 250 – 300 g/m²), Transparent- und Graphitpapier, Tonpapier in Hell- und Dunkelgrün; Kreppapier in Rot, Gelb, Orange und Blau; Garn, Kleber, Klebefilm.

Anleitung. Motiv vom Musterbogen auf Zeichenkarton übertragen. Motiv erneut, nun seitenverkehrt, an der punktierten Spiegelachse anlegen und entsprechend ergänzen. Die Wolke wird separat übertragen. Gerade Schnittlinien des Fachwerks mit Cutter und Lineal, geschwungene Konturen der Wolke mit Grafikermesser oder Silhouettenschere schneiden. Die Wolke hinter die Fachwerkform kleben. Für den Kranz Teil B aus hellgrünem Tonpapier schneiden und dann die Zweige aus einem dunkleren Grünton nach Stand der Zeichnung aufkleben. Das Laubwerk der Bäumchen jeweils aus 2 gezackten Kreisformen schneiden, diese versetzt zusammenkleben. Die farbigen Schleifenbänder werden aus ca. 5 mm breiten Streifen von Kreppapier geschnitten und entsprechend drapiert.

Sommerzeit

Traumreisen

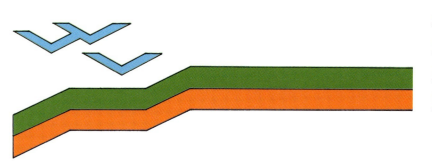

Schnuppern Sie die frische Meeresbrise über weißen Doverklippen, entdecken Sie eine geheimnisvolle Lagunenstadt am fernen Weltenrand, bestaunen Sie Brandungsakrobaten vor balearischen Eilanden, genießen Sie ozeanische Unendlichkeit, erspähen Sie schnittige Flugkünstler im weiten Blau des Himmels – steigen Sie ein, Mitreisende sind herzlich willkommen!

The White Cliffs of Dover

Material. 1 Bogen Zeichenkarton (DIN A3, 300 g/m²), Transparent- und Graphitpapier, Buntpapier in Rot, Grün, Orange und Blau, Garn, Kleber, Klebefilm.

Anleitung. Motiv-Grundform vom Musterbogen auf Zeichenkarton übertragen. Motivteile, die farbig werden sollen, je 2 x auf das Buntpapier übertragen. Nur das rote Dach muß beim zweiten Mal seitenverkehrt übertragen werden. Teile mit Cutter und Lineal ausschneiden, die Rückseite dünn und flächig mit Kleber bestreichen, dann paßgerecht auf Vorder- und Rückseite der Motiv-Grundform kleben. Grundform ausschneiden.

Weiße Möwen und Klippensteine ebenfalls aus Zeichenkarton schneiden und auf die Grundform kleben. Die „blauen" Möwen sind direkt aus der Grundform herausgeschnitten. Fensterbild sorgfältig ausbalancieren und den Aufhängefaden ankleben.

Traumreisen

Traumreisen

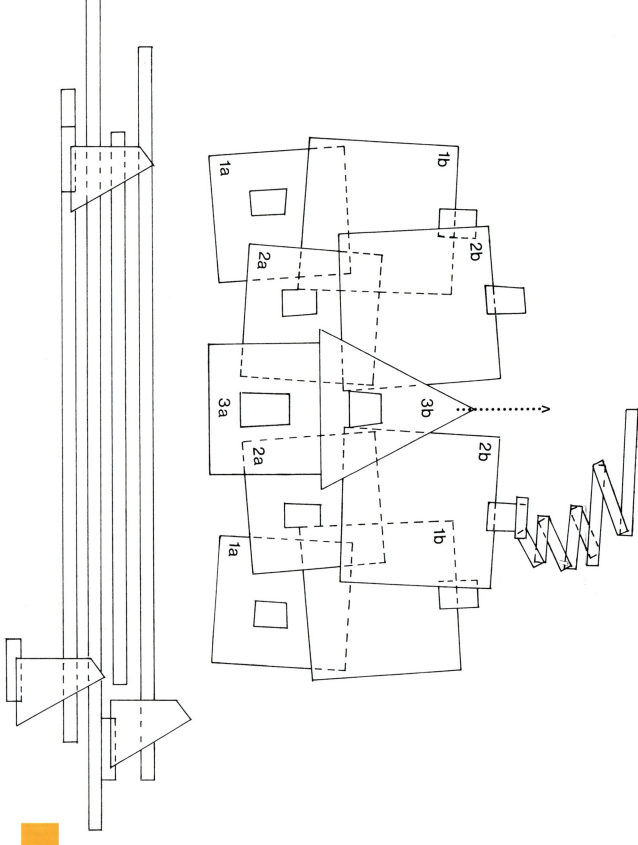

Lagunenstadt

Material. Je 1 Bogen Fotokarton (DIN A4) in Braun, Orange, Blau und Grün; Transparent- und Graphitpapier, Garn, Kleber, Klebefilm.

Anleitung. Nach Stand der nebenstehenden Vorlagezeichnung die Häuserteile aus Fotokarton schneiden. Teile in Reihenfolge der Numerierung zusammenkleben.
Für die Stelzen werden 18 Streifen (Breite 4 mm, Länge variierend von 260 bis 275 mm) geschnitten und, leicht schräg angesetzt, hinter die Häuser geklebt.
Zum Schneiden eignen sich Cutter und Lineal, Sie können aber auch mit der Papierschere „frei Hand" schneiden, wenn es etwas unregelmäßiger wirken soll.
Die Leitern werden ebenfalls einfach aus Streifen geschnitten und diagonal aufgeklebt. Dann die waagrechten blauen Streifen mit den Schiffchen schneiden und hinter die Stelzen kleben.
Rauchwolke aus Streifen ankleben, Motiv ausbalancieren (evtl. mit aufgeklebten Kartonstückchen ausgleichen) und den Aufhängefaden ankleben.

Traumreisen

Brandungsakrobaten

Material. 1 Bogen Zeichenkarton (DIN A4, 250 g/m²), Transparent- und Graphitpapier, Buntpapier in Hellblau und Orange; Garn, Kleber, Klebefilm.

Anleitung. Motiv vom Musterbogen auf Zeichenkarton übertragen. Details (Wellenteile und Fisch-Zierstreifen) auf das Buntpapier übertragen und mit einer Silhouettenschere ausschneiden. Teile auf die Grundform kleben. Nun die äußeren Konturen der Grundform mit Silhouettenschere bzw. Papierschere ausschneiden. Die inneren Konturen der Fische sollten mit einem Grafikermesser geschnitten werden. Unbedingt darauf achten, daß zwischen Fischen und Grundform schmale Papierstege stehenbleiben, die nicht eingeschnitten werden dürfen. Nach dem Schneiden Grundform mit der Rückseite nach oben auf die Arbeitsplatte legen und die Fische vorsichtig, jeweils an Kopf, Schwanz und Rückenflossenspitze beginnend, über ein Rundholz oder einen dicken Stift immer zur Mitte hin wölben. Motiv ausbalancieren und den Aufhängefaden anbringen.
Palmenteile und Sanddünen auf farbigen Fotokarton übertragen, ausschneiden und zusammenkleben. Teile mit separaten Fäden aufhängen oder mit etwas Klebefilm direkt auf der Fensterscheibe plazieren.

Traumreisen

33

Traumreisen

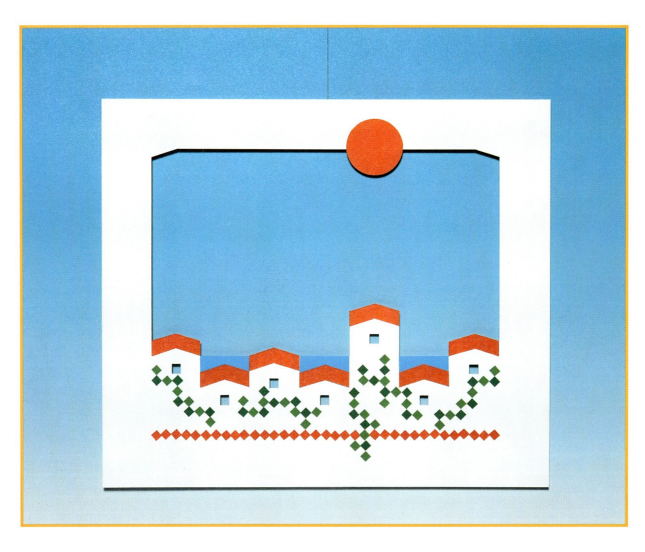

Alexis' Heimat

Material. 1 Bogen Zeichenkarton (DIN A3, 300 g/m²), Transparent- und Graphitpapier, Buntpapier in Rot, Mai- und Moosgrün; Garn, Kleber, Klebefilm.

Anleitung. Motiv vom Musterbogen auf Zeichenkarton übertragen. Für die Ranken kleine Quadrate (5 x 5 mm) scheibchenweise von 5 mm breiten Streifen abschneiden. Die rote Ziegelreihe (ebenfalls aus 5 x 5-mm-Quadraten bestehend) auf Häuserzeilenbreite kleben. Dann die farbigen Dach- und Meerteile auf Buntpapier übertragen, schneiden und aufkleben. Fensteröffnungen einschneiden. Wenn Sie die Rückseite auch gestalten wollen, ist es ausreichend, die Dach- und Meerteile sowie die untere rote Ziegelreihe aufzukleben. Zum Schluß Innen- und Außenrahmen ebenfalls mit Cutter und Lineal schneiden. Motiv ausbalancieren und den Aufhängefaden ankleben.

Traumreisen

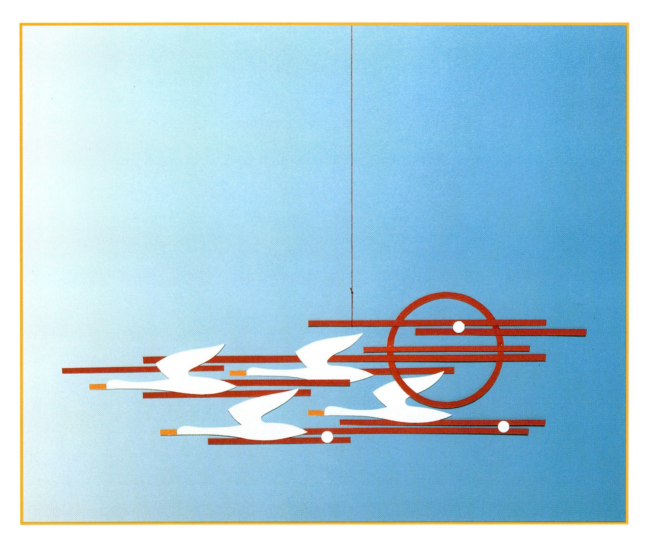

Flugkünstler

Material. 1 Bogen Zeichenkarton (DIN A4, 200 g/m²), Transparent- und Graphitpapier, Fotokartonreste in Rot und Orange; Garn, Kleber, Klebefilm.

Anleitung. Motiv vom Musterbogen abnehmen und auf die verschiedenen Materialien übertragen. Zuerst die Schwäne aus Zeichenkarton, dann die Schnäbel schneiden und aufkleben. Mit einem Zirkel auf roten Fotokarton einen Kreisrahmen zeichnen (Ø außen 56 mm, Ø innen 50 mm) und ausschneiden. Hierfür eignet sich die Silhouettenschere. Verschieden lange Streifen (ca. 3 mm stark) mit Cutter und Lineal zuschneiden. Alle Teile standgerecht zusammenfügen und kleben. Motiv mit gestanzten Locherpunkten auflockern, ausbalancieren und den Aufhängefaden anbringen.

Aus Kindertagen

Wer kennt sie noch, die schönen alten Holzbaukästen mit den vielen bunten Steinen, Türmen, Kegeln und Bäumen? Straßen, in denen noch viel Platz war für Kinderspiele wie Hinkepott und Blindekuh? Unsere lustigen Motive lassen all das wieder ein wenig lebendig werden!

Aus Kindertagen

Kleiner Reifenkünstler

Material. Fotokartonreste in Rot, Gelb, Orange, Blau, Grün und Braun; Transparent- und Graphitpapier, Garn, Kleber, Klebefilm.

Anleitung. Grundform Junge von Seite 40 auf weißen Fotokarton und Grundform Torhaus auf roten Fotokarton übertragen. Sonstige Felder, Flächen und Details können auch, da dünner und daher leichter zu schneiden, aus Tonpapier gefertigt werden. Die Reifen sollten der Stabilität wegen aus Fotokarton geschnitten werden. In der Reihenfolge von links nach rechts müssen folgende Kreise mit dem Zirkel gezeichnet werden: orange (Ø 73 mm), gelb (Ø 60 mm), rot (Ø 95 mm), grün (Ø 74 mm), gelb (Ø 74 mm), blau (Ø 82 mm), rot (Ø 58 mm).
Um die Reifenstärke von ca. 4 mm zu erreichen, zeichnen Sie nachträglich mit dem Zirkel einen entsprechend kleineren Innenkreis ein. Die Teile nun so zusammenkleben, wie es das Foto zeigt.
Um das Motiv auszubalancieren, können Sie hinter das rechte gelbe Quadrat weitere gelbe Pappstücke kleben, bis das Gleichgewicht erreicht ist.

Aus Kindertagen

Spielzeugstadt

Material. Für ein Haus: 1 Bogen Zeichenkarton (DIN A4, 250 – 300 g/m²), Transparent- und Graphitpapier, Bunt- oder Tonpapier in Rot, Gelb, Orange, Blau und Grün; Fotokarton in Braun und Grün; Garn, Kleber, Klebefilm.

Anleitung. Grundform von Seite 41 auf Zeichenkarton übertragen. Fensteröffnungen und die breite Öffnung für die Fachwerkaussparung (siehe feine umlaufende gestrichelte Linie) mit Cutter und Lineal ausschneiden. Türflügel in der Mitte senkrecht sowie oben und unten waagrecht einschneiden. Türflügel dann von der Rückseite vorsichtig anritzen, damit die Tür nach außen geöffnet werden kann. Rote Dachform aufkleben. Fachwerk und Türfüllung aus Bunt- oder Tonpapier schneiden und paßgenau aufkleben (das Oberlicht wird ausgespart, da es vom Dach abstehen soll). Die 3 Falzlinien am Dach (Bergfalze) leicht anritzen und falzen. Boden und Zwischenboden ankleben und die Hausform zum Schluß zusammenfügen.

Kirche. Die Kirche bekommt noch den kleinen Glockenturm aufgesetzt und wird dann in die Mitte auf einen Pappstreifen (Format 21 x 2,5 cm) geklebt. Für die Bäume werden die Stämme je 2 x geschnitten, den Pfeilen folgend bis zur Markierung in Materialstärke eingekerbt und dann rechtwinklig ineinandergeschoben. Blattwerk ebenfalls einkerben und auf die Stämme kleben. Fertige Bäumchen links und rechts an die Kirche „pflanzen".
In die Mitte der oberen Dachkanten vorsichtig mit einer Nadel Löcher bohren, Aufhängefäden hindurchziehen und mit Endknoten fixieren. Nun die kleine Stadt, wie auf dem Foto ersichtlich, anordnen und am besten an einer dünnen Rundholzleiste aufhängen.

Aus Kindertagen

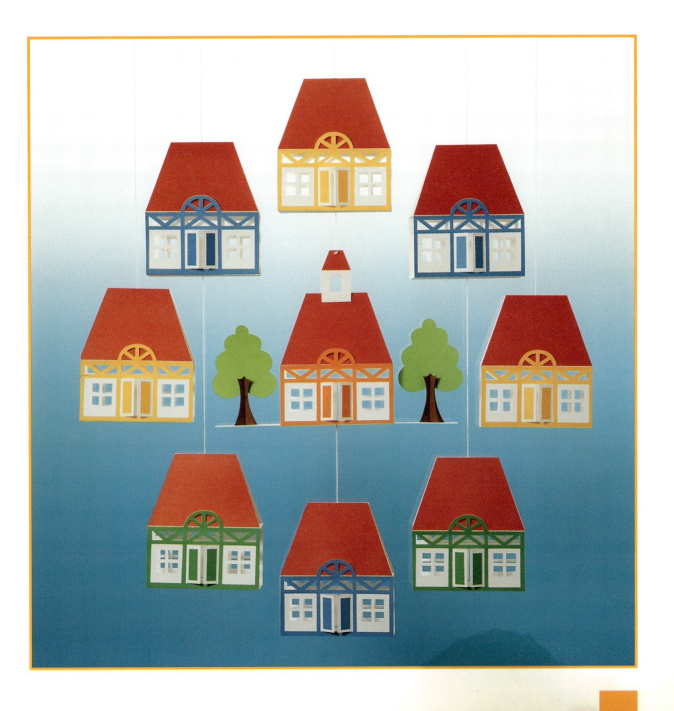

Aus Kindertagen

Aus Kindertagen

Herbstzeit

Die Tage werden nun wieder kürzer, zur nächtlichen Stunde springen Hirsche im Fenstereck, bunte Lampions leuchten auf herbstlichen Wegen, Blätter fallen in Allee und Park – der Sommer geht, sein Abschied naht. Besinnung und Muße kehren zurück – und vielleicht findet man auch etwas Zeit, um einen dieser bezaubernden Entwürfe zu fertigen.

Waldeslust

Material. 1 Bogen Zeichenkarton (DIN A4, 250 g/m²), Transparent- und Graphitpapier, 1 Bogen Fotokarton in Schwarz, 1 Bogen Tonpapier in Gelb, Garn, Kleber, Klebefilm.

Anleitung. Motiv vom Musterbogen abnehmen und nur den Fensterrahmen mit Hügel auf Zeichenkarton übertragen und ausschneiden. Baum auf Fotokarton übertragen, ausschneiden und standgerecht auf Hügel und Rahmen kleben. Hirsche, Mond und Sterne auf gelbes Tonpapier übertragen und ausschneiden. Die geraden Schnittlinien des Rahmens schneiden Sie mit Cutter und Lineal. Für die geschwungenen Konturen von Hügel, Baum und Hirschen nehmen Sie eine Silhouettenschere oder ein Grafikermesser.
Die Dominanz des Motivs nach rechts macht eine Aufhängung an 2 Punkten erforderlich. Dazu an den beiden markierten Punkten die Enden eines genügend langen Fadens befestigen.

Herbstzeit

Herbstzeit

Herbstzeit

Laternenfest

Material. 1 Bogen Zeichenkarton (DIN A4, 250 g/m²), 1 Bogen Tonpapier in Schwarz, Transparent- und Graphitpapier, Seidenpapierreste in Apricot und Pink; buntes Transparentpapier, Garn, Kleber, Klebefilm.

Anleitung. Motiv von Seite 44 abnehmen. Den Pavillon auf Zeichenkarton, das Baumtor auf schwarzes Tonpapier übertragen. Motivteile erneut, seitenverkehrt, an der punktierten Spiegelachse anlegen und entsprechend ergänzen. Teile ausschneiden (gerade Schnittlinien mit Cutter und Lineal, geschwungene Konturen mit der Silhouettenschere) und paßgerecht zusammenkleben. Die Laternen-Grundform nun 5 x aus Zeichenkarton schneiden. Entsprechend breite Streifen Seidenpapier (Länge ca. 8,5 cm) in Pink und Apricot schneiden, leporelloartig falzen und auf die Grundform kleben. Vorsichtig mit einer Nadel Löcher für die Aufhängefäden bohren. Laternen leicht versetzt anordnen.

Herbstzeit

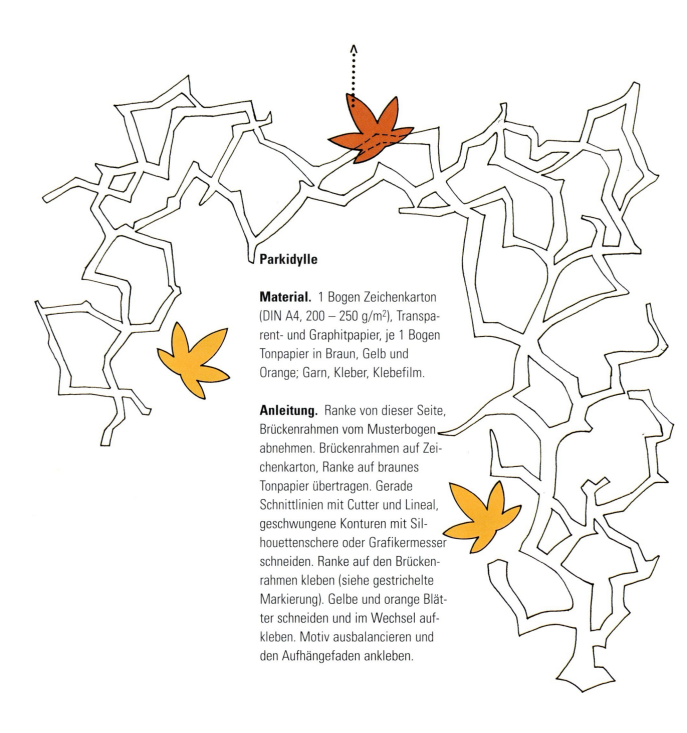

Parkidylle

Material. 1 Bogen Zeichenkarton (DIN A4, 200 – 250 g/m²), Transparent- und Graphitpapier, je 1 Bogen Tonpapier in Braun, Gelb und Orange; Garn, Kleber, Klebefilm.

Anleitung. Ranke von dieser Seite, Brückenrahmen vom Musterbogen abnehmen. Brückenrahmen auf Zeichenkarton, Ranke auf braunes Tonpapier übertragen. Gerade Schnittlinien mit Cutter und Lineal, geschwungene Konturen mit Silhouettenschere oder Grafikermesser schneiden. Ranke auf den Brückenrahmen kleben (siehe gestrichelte Markierung). Gelbe und orange Blätter schneiden und im Wechsel aufkleben. Motiv ausbalancieren und den Aufhängefaden ankleben.

Herbstzeit

Nordische Impressionen

Eine einsame Hütte am Fjord, ziehende Rentiere in endloser Tundra, eine Papageitaucher-Crew beim Fischfang …ein Nordland-Abstecher lohnt sich immer. Im Handgepäck dabei: Cutter, Schere, Lineal, Bleistift und Papier.

Rentierzug

Material. Rest Zeichenkarton (DIN A5, 250 g/m²), Fotokartonreste in Blau und Braun; Tonpapierreste in Türkis und Orange; Transparent- und Graphitpapier, Garn, Kleber, Klebefilm, 1 schmale Holzleiste (Querschnitt ca. 10 x 5 mm), Plakafarbe in Blau.

Anleitung. Rentiere und Eisberg vom Musterbogen abnehmen und auf die Kartons übertragen. Farbige Details ausschneiden und auf die Motive kleben. Motive ausschneiden – es genügen Cutter, Lineal und Papierschere –, beim Eisberg die türkisfarbene Schmuckkante sowie die farbigen Rentierhufe auch rückseitig ankleben. Fertiges Eisbergmotiv ausbalancieren und den Aufhängefaden ankleben. Maß nehmen und die Holzleiste der Fensterscheibenbreite entsprechend anpassen, so daß die Enden mit den Fensterrahmen abschließen. Leiste mit blauer Plakafarbe streichen.

Fertige Rentiere auf die Leiste kleben, die Anzahl ist relativ beliebig und richtet sich nach der Fensterbreite. Leiste links und rechts mit etwas Klebefilm am Fensterrahmen befestigen.

Nordische Impressionen

Nordische Impressionen

Papageitaucher-Crew

Material. Zeichenkarton- und Tonpapierreste in Blau, Schwarz und Orange; Papperest, Transparent- und Graphitpapier, Kleber, Klebefilm.

Anleitung. Von nebenstehendem Motiv den Umriß auf Zeichenkarton übertragen. Übrige Teile 2 x aus Tonpapier schneiden und aufkleben. Kontur der Figur (wegen der geraden Schnittlinien eignen sich Cutter und Lineal) ausschneiden, Rückseite bekleben und auf einen mit Pappe verstärkten Streifen blauen Tonpapiers oder Fotokartons kleben. Bei breiteren Fenstern ist wegen der Stabilität eine schmale, mit blauer Plakafarbe angestrichene Holzleiste als rückseitige Verstärkung optimal. Je nach Fensterbreite kann die Anzahl der Figuren beliebig erweitert werden. Fertiges Motiv einfach links und rechts am Fensterrahmen mit etwas Klebefilm befestigen.

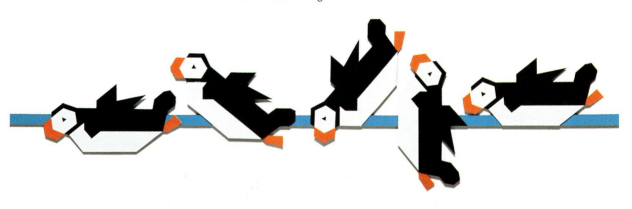

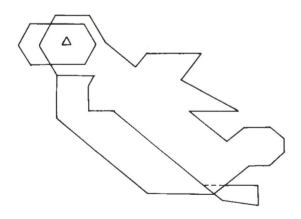

Hütte am Fjord

Material. Fotokartonreste in drei Grautönen, Blau, Braun, Orange und Sand; Transparent- und Graphitpapier, Garn, Kleber, Klebefilm.

Anleitung. Motivteile vom Musterbogen auf den farbigen Fotokarton übertragen. Mit Cutter, Lineal und Papierschere ausschneiden und entsprechend zusammenkleben. Motiv ausbalancieren und den Aufhängefaden mit einem Tropfen Kleber befestigen.

Nordische Impressionen

Zirkus

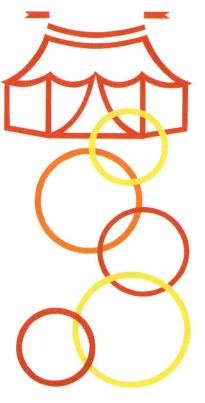

Zwei originelle Motive für diejenigen, die Varieté- und Zirkusluft lieben und ab und an davon träumen, selbst einmal frei in der Welt umherzuziehen.

Pepes Glanznummer

Material. 1 Bogen Fotokarton in Gelb (DIN A4), je 1 Bogen Tonpapier in Rot und Gelb (DIN A4); Buntpapierreste in Braun und Apricot; Transparent- und Graphitpapier, Garn, Kleber, Klebefilm.

Anleitung. Motivteile vom Musterbogen abnehmen, den unteren, gelben Rahmen auf Fotokarton, die roten Rahmenteile auf Tonpapier übertragen. Dazu erneut die Motivteile, nun seitenverkehrt, an der punktierten Spiegelachse anlegen und ergänzen. Teile ausschneiden und paßgerecht zusammenkleben. Artist-Grundfigur aus rotem Tonpapier, die Kleinteile aus Buntpapier schneiden und aufkleben. Gerade Schnittlinien mit Cutter und Lineal, geschwungene Konturen mit der Silhouettenschere schneiden. Figur rückseitig in gleicher Weise bekleben. Die Kreise für die Reifen zeichnen Sie mit dem Zirkel direkt auf das Tonpapier, die Radien können Sie von der Vorlage abnehmen. Reifen standgerecht aufkleben und in der Mitte den Aufhängefaden ankleben.

Zirkus

Zirkus

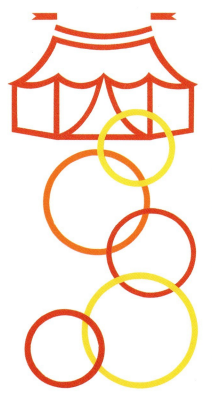

Manegenzauber

Material. 2 Bogen Zeichenkarton (DIN A3, 200 – 250 g/m²), Transparent- und Graphitpapier, Garn, Kleber, Klebefilm.

Anleitung. Halbierte Motivteile (Streitwagen und Manege) von Seite 56/57 jeweils separat auf Zeichenkarton übertragen. Beide Motive erneut und jetzt seitenverkehrt an der Spiegelachse anlegen und so die Formen nach Stand der Zeichnung ergänzen. Da es sich hier um eine sehr feine Arbeit handelt, sollte für die Schnitte ein Grafikermesser verwendet werden.
Bitte beachten Sie besonders bei den feinen Innenschnitten, daß Sie nicht über die Endpunkte hinausschneiden. Am besten schauen Sie öfter auf das Foto, dort können Sie den genauen Verlauf der Schnittlinien überprüfen. Ist die Manege soweit fertiggeschnitten, ritzen Sie die Falzlinien der dreieckigen Klebelaschen vorsichtig an und kleben auf die Wölbung einen 12 mm breiten, in der Länge passenden Papierstreifen.
Für die Streitwagen wird ebenfalls aus einem 12 mm breiten Papierstreifen (Länge ca. 45 cm, genaues Maß einpassen) ein Kreis (Ø außen 14 cm) gebildet.
Streifen zuerst in der Mitte beginnend an den oberen Klebelaschen festkleben, dann zu den unteren Klebelaschen der Räder führen. Evtl. Überstand abschneiden und die Streifenenden ca. 5 mm überlappend zusammenkleben. Fertiges Teil nun in die Manege kleben. Um den plastischen Eindruck des Motivs zu erhöhen, eingeschnittene Umhangteile und Schmucklinienteile der Manege vorsichtig über ein Rundholz oder einen dicken Stift zur Rückseite hin wölben. Aufhängefaden in der Mitte befestigen.

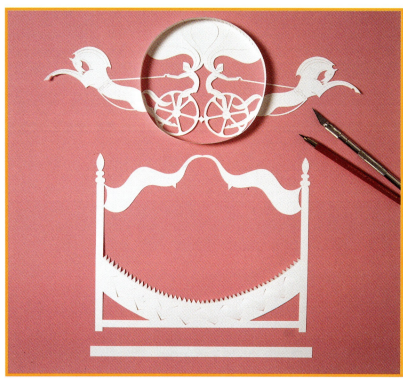

Zirkus

Zirkus

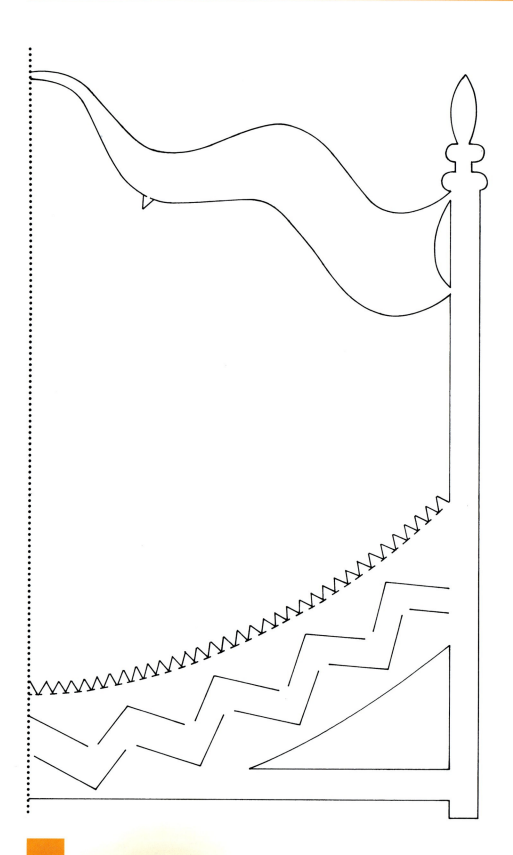

Zirkus

Weihnachten

Nur noch kurze Zeit, und der 1. Advent ist da! Das kleine Fachwerktor und die verträumte Schneelandschaft lassen den Winter schon erahnen. Das Wolkenkarussell lädt zu einem stimmungsvollen Weihnachtsmarkt-Bummel ein, und das Bäumchen mit den vier brennenden Kerzen zeigt, nun ist's soweit, nun ist Heiligabend!

Winterzeit

Material. 1 Bogen Zeichenkarton (DIN A4, 250 g/m²), 1 Bogen Fotokarton in Braun (DIN A4), Buntpapierreste in Grün, Rot und Gelb; Transparent- und Graphitpapier, Garn, Kleber, Klebefilm.

Anleitung. Motiv vom Musterbogen abnehmen und die Teile auf die entsprechenden Papiere übertragen: Dach und Schneehügel auf Zeichenkarton, Fachwerk auf Fotokarton, die übrigen Details auf Buntpapierreste. Gerade Schnittkanten mit Cutter und Lineal, geschwungene Konturen mit der Silhouettenschere schneiden. Teile entsprechend zusammenfügen und kleben. Gelbe Punkte mit einem Locher stanzen und aufkleben. Die Rückseite wird deckungsgleich ebenfalls beklebt. Fachwerk dann nur bis zu den oberen geschwungenen Schneehügelkonturen schneiden und aufkleben (siehe gestrichelte Markierung in der Vorlage).
Aufhängefaden hinter den oberen Stern kleben.

Weihnachten

Weihnachten

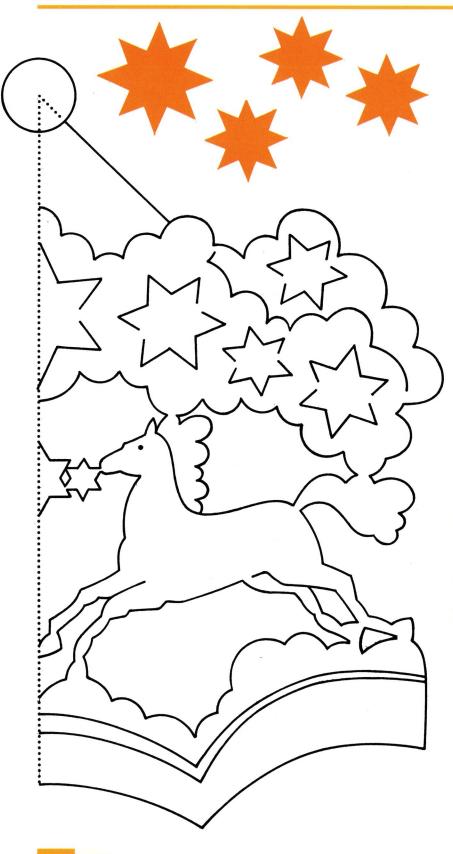

Weihnachtsmarkt

Material. 1 Bogen Zeichenkarton (DIN A4, 200 g/m²), Transparent- und Graphitpapier, Goldpapierreste, Garn, Kleber, Klebefilm.

Anleitung. Nebenstehendes halbiertes Motivteil vom Musterbogen abnehmen und auf Zeichenkarton übertragen. Motiv erneut, nun seitenverkehrt, an der punktierten Spiegelachse ansetzen und so die Form nach Stand der Zeichnung ergänzen. Schmuckdetails auf das Goldpapier übertragen, ausschneiden und aufkleben. Motiv und Teile mit dem Grafikermesser oder einer Silhouettenschere ausschneiden. Bei den weißen Sternen die Endpunkte der Schnittlinien beachten und nur so weit schneiden, daß kleine Papierstege stehenbleiben. Dann ebenfalls die Rückseite mit den goldenen Kleinteilen bekleben. Sterne und Wolkenteile über ein Rundholz vorsichtig zur Rückseite hin wölben, damit das Motiv schön plastisch wirkt. Ein kleines Loch in die Kugel bohren, den Aufhängefaden hindurchziehen und verknoten.

Weihnachten

Weihnachten

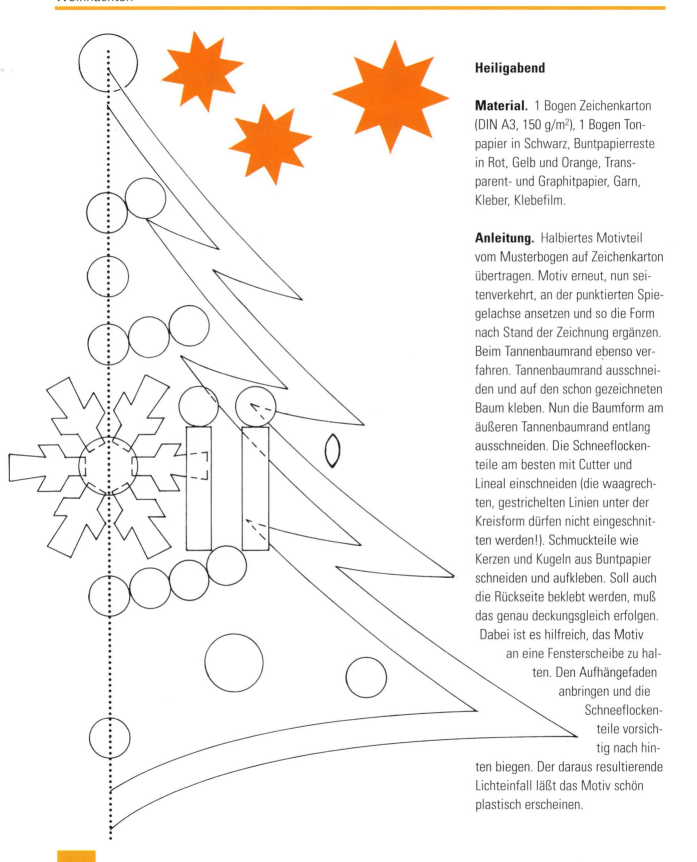

Heiligabend

Material. 1 Bogen Zeichenkarton (DIN A3, 150 g/m²), 1 Bogen Tonpapier in Schwarz, Buntpapierreste in Rot, Gelb und Orange, Transparent- und Graphitpapier, Garn, Kleber, Klebefilm.

Anleitung. Halbiertes Motivteil vom Musterbogen auf Zeichenkarton übertragen. Motiv erneut, nun seitenverkehrt, an der punktierten Spiegelachse ansetzen und so die Form nach Stand der Zeichnung ergänzen. Beim Tannenbaumrand ebenso verfahren. Tannenbaumrand ausschneiden und auf den schon gezeichneten Baum kleben. Nun die Baumform am äußeren Tannenbaumrand entlang ausschneiden. Die Schneeflockenteile am besten mit Cutter und Lineal einschneiden (die waagrechten, gestrichelten Linien unter der Kreisform dürfen nicht eingeschnitten werden!). Schmuckteile wie Kerzen und Kugeln aus Buntpapier schneiden und aufkleben. Soll auch die Rückseite beklebt werden, muß das genau deckungsgleich erfolgen. Dabei ist es hilfreich, das Motiv an eine Fensterscheibe zu halten. Den Aufhängefaden anbringen und die Schneeflockenteile vorsichtig nach hinten biegen. Der daraus resultierende Lichteinfall läßt das Motiv schön plastisch erscheinen.

Weihnachten

Ravensburger®
Gestalten mit Papier

Johanna Huber/
Christel Claudius
**Das lustige
Papierfaltbüchlein**
Das Buch erklärt die Grundbegriffe des Faltens und gibt viele Anregungen. So entstehen nicht nur Möbel für die Puppenstube, sondern auch eine ganze Stadt.
124 Seiten.
ISBN 3-473-**43129**-X

Traudel Hartel
Papierschöpfen
Technik, Färben, Gestalten
Papier-Kreationen aus eigener Herstellung: strukturiert, gefärbt, gestaltet. Mit vielen Anwendungen.
63 Seiten.
ISBN 3-473-**45625**-X

Irmgard Kneißler
Das Origamibuch
Origami - die Technik des japanischen Papierfaltens. Eine Einführung in 11 Grundformen und 95 Faltfiguren.
192 Seiten.
ISBN 3-473-**42561**-3

Alexandra Dirk
Origami-Schachteln
Aus je vier gleich großen Blättern lassen sich hübsche Faltschachteln herstellen.
63 Seiten.
ISBN 3-473-**42571**-0